Tropical Rainforests

Las selvas tropicales

By Sindy McKay

TREASURE BAY
Family Engagement in Reading

Parent's Introduction

Whether your child is a beginning, reluctant, or eager reader, this book offers a fun and easy way to support your child in reading.

Developed with reading education specialists, We Both Read books invite you and your child to take turns reading aloud. You read the left-hand pages of the book, and your child reads the right-hand pages—which have been written at one of six early reading levels. The result is a wonderful new reading experience and faster reading development!

This is a special bilingual edition of a We Both Read book. On each page the text is in two languages. This offers the opportunity for you and your child to read in either language. It also offers the opportunity to learn new words in another language.

In some books, a few challenging words are introduced in the parent's text with **bold** lettering. Pointing out and discussing these words can help to build your child's reading vocabulary. If your child is a beginning reader, it may be helpful to run a finger under the text as each of you reads. To help show whose turn it is, a blue dot ● comes before text for you to read, and a red star ★ comes before text for your child to read.

If your child struggles with a word, you can encourage "sounding it out," but not all words can be sounded out. Your child might pick up clues about a difficult word from other words in the sentence or a picture on the page. If your child struggles with a word for more than five seconds, it is usually best to simply say the word.

As you read together, praise your child's efforts and keep the reading fun. Simply sharing the enjoyment of reading together will increase your child's skills and help to start your child on a lifetime of reading enjoyment!

Introducción a los padres

Ya sea que su hijo sea un lector principiante, reacio o ansioso, este libro ofrece una manera fácil y divertida de ayudarlo en la lectura.

Desarrollados con especialistas en educación de lectura, los libros We Both Read invitan a usted y a su hijo a turnarse para leer en voz alta. Usted lee las páginas de la izquierda del libro y su hijo lee las páginas de la derecha, que se han escrito en uno de seis primeros niveles de lectura. ¡El resultado es una nueva y maravillosa experiencia de lectura y un desarrollo más rápido de la misma!

Esta es una edición especial bilingüe de un libro de We Both Read. En cada página el texto aparece en dos idiomas. Esto le ofrece la oportunidad de que usted y su hijo lean en cualquiera de los dos idiomas. También le ofrece la oportunidad de aprender nuevas palabras en otro idioma.

En algunos libros, se presentan en el texto de los padres algunas palabras difíciles con letras **en negrita.** Señalar y discutir estas palabras puede ayudar a desarrollar el vocabulario de lectura de su hijo. Si su hijo es un lector principiante, puede ser útil deslizar un dedo debajo del texto a medida que cada uno de ustedes lea. Para mostrar de quién es el turno para leer, encontrará un punto azul ● antes del texto para usted, y una estrella roja ★ antes del texto para el niño.

Si su hijo tiene dificultad con una palabra, puede animarlo a "pronunciarla", pero no todas las palabras se pueden pronunciar fácilmente. Su hijo puede obtener pistas sobre una palabra difícil a partir de otras palabras en la oración o de una imagen en la página. Si su hijo tiene dificultades con una palabra durante más de cinco segundos, por lo general es mejor decir simplemente la palabra.

Mientras leen juntos, elogie los esfuerzos de su hijo y mantenga la diversión de la lectura. ¡El simple hecho de compartir el placer de leer juntos aumentará las destrezas de su hijo y lo ayudará a que disfrute de la lectura para toda la vida!

Tropical Rainforests • *Las selvas tropicales*
A Bilingual We Both Read® Book in English and Spanish
Level 1–2
Guided Reading: Level H

To Bonnie and Jeremy—and all who come after them.
— S. M.

With special thanks to Emma Kocina, Biologist at the California Academy of Sciences, and Manuel Luján Anzola, Botanist at the Royal Botanic Gardens, Kew, UK, for their review of the information in this book

English text copyright © 2022 by Sindy McKay
Spanish text copyright © 2024 by Treasure Bay, Inc.
All rights reserved.

Use of photographs provided by iStock and Dreamstime.
Map images of Borneo on page 36 are licensed under a Creative Commons Attribution-ShareAlike 4.0 International License. Source: Contributor and Victim - Indonesia's Role in Global Climate Change with Special Reference to Kalimantan.

We Both Read® is a trademark of Treasure Bay, Inc.

Published by
Treasure Bay, Inc.
PO Box 519
Roseville, CA 95661 USA

Printed in China

Library of Congress Catalog Card Number: 2023910432

ISBN: 978-1-60115-065-3

Visit us online at WeBothRead.com

PR-10-23

Table of Contents • *Tabla de contenido*

Chapter 1 • *Capítulo 1*
What Is a Tropical Rainforest?
¿Qué es una selva tropical? 2

Chapter 2 • *Capítulo 2*
Why We Need Rainforests
¿Por qué necesitamos las selvas tropicales? 10

Chapter 3 • *Capítulo 3*
The Amazon Rainforest
La selva amazónica 16

Chapter 4 • *Capítulo 4*
Rainforests of Africa
Las selvas de África 22

Chapter 5 • *Capítulo 5*
Rainforests of Asia
Las selvas de Asia 28

Chapter 6 • *Capítulo 6*
The Future of Rainforests
El futuro de las selvas 34

Glossary • *Glosario* 42

Questions to Ask • *Preguntas* 43

CHAPTER 1
CAPÍTULO 1

WHAT IS A TROPICAL RAINFOREST?
¿QUÉ ES UNA SELVA TROPICAL?

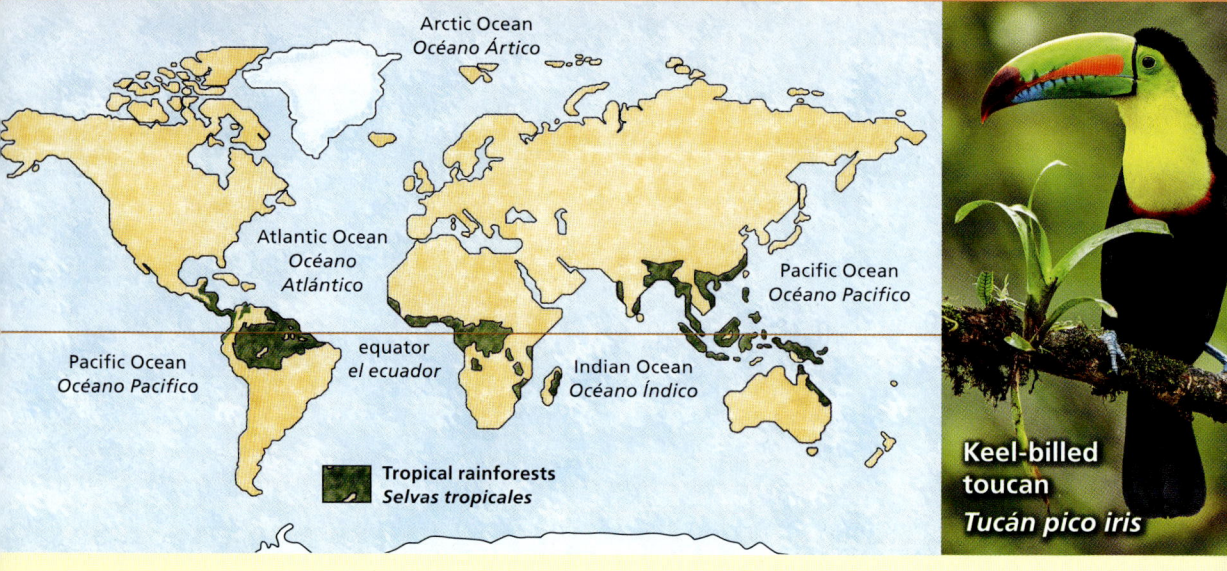

- Located in the warm areas around the world's equator, **tropical rainforests** are one of **Earth's** most diverse ecosystems. An ecosystem is an environment with many kinds of plants and animals that interact and affect the lives of each other. The loss of even one kind of plant or animal can disturb the balance of the ecosystem.
  Tropical rainforests cover only about six percent of the **Earth's** surface, yet these ecosystems are home to over half of **Earth's** plant and animal species.

─────────◆─────────

Ubicadas en las áreas cálidas cercanas a la línea del ecuador, las **selvas tropicales** figuran entre los ecosistemas más diversos de la **Tierra**. Un ecosistema es un medioambiente con varios tipos de plantas y animales que interactúan entre sí y afectan la vida de los unos a los otros. La pérdida de tan solo un tipo de planta o animal puede perturbar el equilibrio del ecosistema.
    Las **selvas tropicales** cubren solo un seis por ciento de la superficie de la **Tierra**. Sin embargo, en esos ecosistemas habita más de la mitad de las especies de plantas y animales de la **Tierra**.

⭐ It rains a lot in a **tropical rainforest**. The air is always wet and warm. It feels like summer all year long. Many of the plants and animals here live no place else on **Earth**.

———◆———

En la **selva tropical** llueve mucho. El aire siempre está húmedo y cálido.
Parece que fuera verano durante todo el año. Muchas de las plantas y animales que viven aquí no viven en ninguna otra parte de la **Tierra**.

Giant anteaters can eat 30,000 ants in a day.

Un oso hormiguero gigante puede comer 30,000 hormigas en un solo día.

Jaguar
Jaguar

- A rainforest is made up of several layers. The bottom layer is called the **forest floor**. This is on or near the ground. The **forest floor** is filled with ferns, fungi, moss, tree roots, and small bushes. It is home to many types of rainforest cats. You might also run into elephants, anteaters, and very large snakes.

◆

Las selvas tropicales tienen varias capas. La capa inferior se llama **suelo forestal**. Se encuentra en el suelo o cerca del mismo. El **suelo forestal** está lleno de helechos, hongos, musgos, raíces de árboles y pequeños arbustos. Es el hogar de muchos gatos tropicales. También puedes toparte con elefantes, osos hormigueros y serpientes muy grandes.

The Rafflesia flower is the largest flower in the world and can be up to three feet wide. It has a really horrible smell that attracts flies.

La Rafflesia es la flor más grande del mundo y puede medir hasta 3 pies de ancho. Tiene un olor horrible que atrae a las moscas.

Forest floor
Suelo forestal

⭐ Trees in the rainforest can grow very close to each other. These trees block the sun. That makes much of the **forest floor** dark. It is also hot and wet. There are lots of bugs here. Lizards and frogs like to eat the bugs.

---◆---

En la selva tropical, los árboles pueden crecer muy cerca unos de otros. Estos árboles tapan la luz del sol. Eso hace que la mayoría del **suelo forestal** sea oscuro. También está caliente y húmedo. Hay muchos insectos aquí. A los lagartos y ranas les gusta comerse los insectos.

Green forest lizard
Lagarto verde común de bosque

Jaguar
Jaguar

Understory
Sotobosque

- The next layer is called the **understory**. This layer is above the ground and is thick with small trees, strong vines, shrubs, and ferns. Beautiful bright-colored flowers also grow in this layer. These trees and plants make nice homes for a vast assortment of animals, including **jaguars** who spend much of their time in the lower branches of the trees.

———————◆———————

*La siguiente capa se llama el **sotobosque**. Esta capa se encuentra por encima del suelo y está poblada por pequeños árboles, fuertes enredaderas, arbustos y helechos. En esta capa también crecen bellas flores coloridas. Estos árboles y plantas son el hogar perfecto para una vasta variedad de animales. Entre ellos, se incluyen los **jaguares**, que pasan una buena parte del tiempo en las ramas bajas de los árboles.*

Red-eyed tree frog
Rana de ojos rojos

Lantern bug
Insecto linterna

Jaguar
Jaguar

★ There are lots of birds, frogs, and snakes in the **understory**. **Jaguars** will come down from the trees at night to hunt. They mostly hunt animals on the forest floor.

———◆———

*Hay muchos pájaros, ranas y serpientes en el **sotobosque**. Los **jaguares** bajan de los árboles en la noche para cazar. La mayoría de los animales que cazan el jaguar viven en el suelo forestal.*

Canopy
Dosel arbóreo

- The **canopy** layer of the rainforest is made up of tall treetops. Up here there is a lot of sun and food is plentiful. Most of the animals who live in the canopy layer can either fly, jump, or climb.
    The tallest trees in the rainforest are found in the **emergent layer**. These are some of the oldest trees, and they have been reaching toward the sun for a long time.

———————◆———————

   La capa de la selva tropical llamada el **dosel arbóreo** consiste en las copas de los árboles altos. Aquí arriba hay mucha luz solar y abundantes alimentos. La mayoría de los animales que viven en el dosel arbóreo pueden volar, saltar o trepar.
   Los árboles más altos de la selva se encuentran en la **capa emergente**. Por lo general son los más viejos, y llevan mucho tiempo estirándose hacia el sol.

Capuchin monkey
Mono capuchino

Emergent layer
Capa emergente

Juvenile green bush viper
Serpiente verde de árbol juvenil

Shorea trees can be as tall as a 30-story building.

Los meranti son árboles que pueden ser tan altos como un edificio de 30 pisos.

★ More animals live in the **canopy** layer than any other layer.

The **emergent layer** is a safe place for some animals. The animals who might hunt them can't reach them here.

◆

*Hay más animales que viven en el **dosel arbóreo** que en cualquier otra capa.*

*La **capa emergente** es un lugar seguro para algunos animales. Los animales que quisieran cazarlos no los pueden alcanzar acá arriba.*

Bald uakari
Uacarí calvo

CHAPTER 2
CAPÍTULO 2

WHY WE NEED RAINFORESTS
¿POR QUÉ NECESITAMOS LAS SELVAS TROPICALES?

- Some people call rainforests the "lungs" of the earth. All those trees take in large amounts of carbon dioxide—the bad stuff—and **recycle** it into large amounts of oxygen—the good stuff! Without those trees, our air would be less safe to breathe.

───────◆───────

Algunas personas dicen que las selvas tropicales son "los pulmones" de la Tierra. Todos esos árboles absorben cantidades grandes de dióxido de carbono –lo malo– y lo **reciclan** para producir cantidades grandes de oxígeno, ¡lo bueno! Sin esos árboles, nuestro aire sería menos seguro para respirar.

★   The trees in rainforests also help **recycle** the fresh water on Earth and keep it clean. Their roots take up water from the ground. It goes up into their leaves. The water is then sent back into the air as mist and clouds.

———————◆———————

Los árboles de las selvas tropicales también ayudan al **reciclar** *el agua fresca de la Tierra para mantenerla limpia. Los árboles absorben el agua de la tierra por sus raíces y la suben hasta sus hojas. Luego el agua regresa al aire en forma de vapor y nubes.*

Strawberry poison dart frog
Rana dardo venenosa de fresa

Eastern lowland gorilla
Gorila oriental de la planicie

- Tropical rainforests are home to more than half of our planet's land-based animal species. Because the temperature stays constant and warm, animals don't have to worry about freezing or being too hot. Water and food are plentiful.

  Some rainforest animals have a healthy and thriving population. Some species have less than fifty surviving members and are critically endangered. An endangered species is any type of animal or plant that is at risk of disappearing forever.

  ───────────── ◆ ─────────────

  Las selvas tropicales sirven de hogar para más de la mitad de las especies de animales terrestres del planeta. Ya que la temperatura se mantiene constante y cálida, los animales no tienen que preocuparse por congelarse o calentarse demasiado. Hay gran abundancia de agua y alimentos.

  Algunos animales de la selva tropical tienen poblaciones saludables y crecientes. Algunas especies cuentan con menos de cincuenta miembros vivos y están en peligro crítico de extinción. Cualquier tipo de animal o planta que está en peligro de extinción corre el riesgo de desaparecer para siempre.

Emerald tree boa
Boa esmeralda

Scarlet Ibis
Ibis escarlata

Oscar fish
Pez óscar

Howler monkey
Mono aullador

★ There are also people who live in the rainforests of the world. Many of these people use the forest plants and animals for food. They may also use wood and other parts of the trees to make their homes.

———————◆———————

También hay personas que viven en las selvas tropicales del mundo. Muchas de esas personas se alimentan de las plantas y animales de la selva. Algunos utilizan la madera y otras partes de los árboles para construir sus casas.

Quinine, which treats malaria, comes from the cinchona tree.
La quinina, una medicina que trata la malaria, viene de un árbol que se llama cinchona.

Cacao (kuh-KOW) or cocoa (KOH-koh) tree with cacao pods
Árbol de cacao con vainas de cacao

- A great number of our modern medicines are derived from rainforest plants. These medicines are used to treat malaria, heart disease, cancer, and many other health problems.

  The trees in the rainforest also give us some of our favorite foods to eat. **Chocolate** comes from **cacao** (kuh-KOW) trees. Banana and fig trees can be found in almost all tropical rainforests.

Muchas de nuestras medicinas modernas se derivan de plantas de la selva tropical. Estas medicinas se usan para tratar enfermedades como la malaria, la enfermedad cardíaca, el cáncer y muchos otros problemas de salud.

Los árboles de la selva tropical también nos dan algunos de nuestros alimentos favoritos. El **chocolate** viene del árbol del **cacao**. Se pueden encontrar árboles de plátano y árboles de higo en casi todas las selvas tropicales.

Parrot eating a fig
Un papagayo comiendo un higo

Sangre de drago is often used to heal wounds.
La salvia sangre de drago a menudo se utiliza para facilitar la cicatrización de lesiones.

Macaque monkey eating a mango
Un macaco come un mango

★ Seeds of the **cacao** (kuh-KOW) fruit are used to make **chocolate**. Rainforest animals love this sweet fruit. They also love bananas, mangoes, and other fruit.

◆

*Las semillas del **cacao** se utilizan para hacer **chocolate**. A los animales de la selva tropical les encanta esta dulce fruta. También les encantan los plátanos, los mangos y otras frutas.*

CHAPTER 3 — THE AMAZON RAINFOREST
CAPÍTULO 3 — LA SELVA AMAZÓNICA

Pygmy marmoset
Tití pigmeo

Aerial view of Amazon rainforest in Brazil
Vista aérea de la selva amazónica en Brasil

- The Amazon Rainforest is the largest in the world. It contains more than fourteen thousand different kinds of plants and around 400 *billion* trees! That's more trees than there are stars in our galaxy!!

  The variety of animals is remarkable. Scientists have found over four hundred species of mammals and suspect there are more than a million different types of insects.

  Winding through this rainforest is the Amazon River.

———————◆———————

La selva amazónica es la selva tropical más grande del mundo. Cuenta con más de catorce mil diferentes tipos de plantas ¡y alrededor de 400 mil millones de árboles! ¡Hay más árboles en la selva amazónica que estrellas en nuestra galaxia!

La variedad de animales es extraordinaria. Los científicos han descubierto más de cuatrocientas especies de mamíferos, y sospechan que hay más de un millón de diferentes tipos de insectos.

El río Amazonas serpentea por esta selva.

Green vine snake
Culebrilla verde

King vulture
Cóndor real

Spectacled caiman
Caimán de anteojos

★ Some animals live in the river. Other animals come to the river to find food and drink the water. The river is not always a safe place to be. Some animals with very sharp teeth swim in these waters!

———————◆———————

Algunos animales viven en el río. Otros animales acuden al río en busca de alimentos y para beber agua. El río no siempre es un lugar muy seguro. ¡Algunos animales con dientes muy filosos nadan en estas aguas!

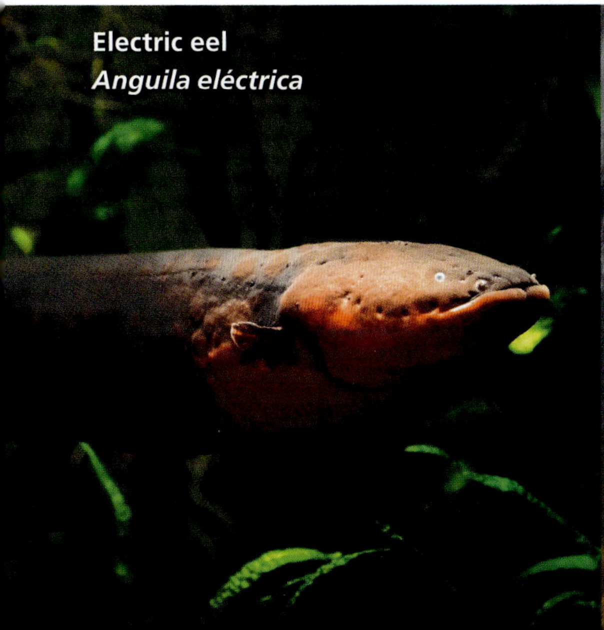

Electric eel
Anguila eléctrica

Piranha
Piraña

Harpy eagle
Águila arpía

Yellow banded poison dart frog
Rana venenosa de franjas amarillas

- The Amazon rainforest is full of fascinating and sometimes frightening animals. The largest mammal in this rainforest is the jaguar, which hunts its prey on the forest floor. The top predator in the canopy is the harpy eagle and in the water is the huge, green anaconda snake. One of the most dangerous to humans is the poison dart frog. The skin of some of these frogs holds enough **poison** to kill ten people!

―――――◆―――――

*La selva amazónica está llena de animales fascinantes y a veces aterradores. El jaguar, el mamífero más grande de la selva tropical, caza su presa en el suelo forestal. El mayor depredador del dosel arbóreo es el águila arpía, y en el agua es la enorme anaconda verde. Uno de los animales más peligrosos para los humanos son las ranas venenosas punta de flecha. ¡La piel de algunas de estas ranas contiene suficiente **veneno** para matar a diez personas!*

Green anaconda
Anaconda verde

Margay cat
Gato tigre

Scarlet macaw & blue and gold macaw
Guacamayo escarlata y guacamayo azul y dorado

★ The jaguar is not the only cat in the Amazon rainforest. There are many others. There are also many other kinds of snakes, birds, and frogs. The snake you see on this page is small. But it has **poison** in its a bite that can kill a large animal!

———◆———

El jaguar no es el único gato en la selva amazónica. Hay muchos otros tipos. También hay muchos otros tipos de serpientes, aves y ranas. La serpiente que ves en esta página es pequeña. ¡Pero el **veneno** que suelta cuando muerde puede matar a un animal grande!

Eyelash viper
Bocaracá

Toucan
Tucán

Kichwa women dancing
Un grupo de mujeres quechuas bailando

- Not only plants and animals live in the Amazon rainforest. People live here as well. The Kichwas are one of the largest groups of indigenous—or **native**—peoples with a population of over one hundred thousand. They believe that the well-being of a community depends on a strong relationship with nature.

No solo plantas y animales viven en la selva amazónica. Aquí también viven personas. Los quechua son uno de los pueblos indígenas, o **nativos**, más grandes con más de cien mil personas. Ellos creen que el bienestar de la comunidad depende de mantener una fuerte relación con la naturaleza.

Kichwa girl going to school
Una niña quechua en camino a la escuela

Native Brazilian child from Tupi Guarani tribe
Una niña indígena del pueblo tupi guaraní de Brasil.

★ There are many hundreds of **native** tribes in the Amazon rainforest. The people in many of these tribes have never met anyone outside of their own tribe.

———◆———

*Hay centenares de tribus **nativas** en la selva amazónica. Las personas de muchos de estos pueblos jamás han conocido a nadie que no pertenezca a su propio pueblo.*

CHAPTER 4 — RAINFORESTS OF AFRICA
CAPÍTULO 4 — LAS SELVAS TROPICALES DE ÁFRICA

Congo Basin rainforest, Republic of Congo
La Cuenca del Congo, República del Congo

- The second largest rainforest in the world is in the Congo Basin, which spans six central African countries. The trees in this forest are taller than those in the Amazon, but lower layers are not nearly as thick. This is because large plant-eating animals, such as forest **elephants** and gorillas, feed on the shorter, smaller trees.

◆

La segunda selva más grande del mundo es la Cuenca del Congo, que abarca un espacio que incluye seis países centroafricanos. Los árboles de esta selva son más altos que los de la selva amazónica, pero las capas inferiores son mucho menos pobladas. Esto se debe a que los animales grandes que comen plantas, como los **elefantes** *de bosque y los gorilas, se alimentan de los árboles más bajos y pequeños.*

Baby gorilla
Gorila bebé

Forest elephants
Elefantes de bosque

⭐ Forest **elephants** are smaller than the African elephants you may see at the zoo. Forest elephants have tusks that point down. African elephants have tusks that point up more.

───────────◆───────────

Los **elefantes** de bosque son más pequeños que los elefantes africanos que puedes ver en el zoológico. Los colmillos de los elefantes de bosque crecen hacia abajo. Los colmillos de los elefantes africanos crecen más hacia arriba.

African bush elephants
Elefantes de la sabana africana

Pygmy hippos
Hipopótamos pigmeos

Okapi
Okapi

- Forest elephants aren't the only animal unique to this rainforest. There are many **other** animals here that are found nowhere else.
  The okapi has stripes like a zebra but is more closely related to a giraffe. It has thick, oily fur that allows rainwater to slide right off.
  Pygmy hippos are much smaller than the common hippo. While common hippos live in large groups, pygmy hippos tend to live alone or in small groups.

──────── ◆ ────────

Los elefantes de bosque no son los únicos animales que se encuentran solos en esta selva. Hay muchos **otros** animales que no existen en ningún otro lugar.
El okapi es rayado como una cebra, pero tiene más parentesco con la jirafa. Su pelaje es grueso y aceitoso, lo que facilita que el agua de la lluvia le resbale.
Los hipopótamos pigmeos son mucho más pequeños que los hipopótamos comunes. Los hipopótamos comunes viven en grupos grandes, mientras que los hipopótamos pigmeos suelen vivir solos o en grupos pequeños.

Red river hog
Potamoquero rojo

⭐ Red river hogs swim well and run fast. They eat plants. **Other** animals try to eat them!

The bush viper is a small snake with a big bite. Some people think it looks like a small dragon.

◆

*Los potamoqueros rojos nadan bien y corren rápido. Comen plantas. ¡**Otros** animales tratan de comérselos!*

Las víboras de los arbustos son serpientes pequeñas cuya mordedura es muy peligrosa. Algunas personas piensan que esta serpiente se parece a un pequeño dragón.

Bush viper
Víbora de los arbustos

Common chimpanzee
Chimpancé común

Eastern Bongo antelope
Antílope bongo del oriente

Bonobo chimps
Bonobos

- Several remarkable Congo Basin rainforest animal species are in danger of disappearing forever.

  There are only about 150 Eastern bongo antelope left in the wild. Bonobo chimps and common chimps are both endangered. The African leopard, eastern lowland gorilla, western lowland gorilla and mountain gorilla are quickly disappearing as well.

---◆---

Varias de las extraordinarias especies del Cuenco del Congo están en peligro de desaparecer para siempre.

Solo quedan aproximadamente 150 antílopes bongos orientales en estado salvaje. Tanto los bonobos como los chimpancés comunes están en peligro de extinción. Los leopardos africanos, los gorilas orientales de planicie y los gorilas de montaña también han ido desapareciendo rápidamente.

African leopard
Leopardo africano

Eastern lowland gorilla
Gorila oriental de planicie

★   Many people live in this rainforest. Some of them gather things that can only be found here. They can trade these forest products for other things they need.

———————◆———————

Muchas personas viven en esta selva. Algunos recolectan cosas que solo se encuentran aquí. Pueden intercambiar estos productos forestales por otras cosas que necesitan.

CHAPTER 5 — RAINFORESTS OF ASIA
CAPÍTULO 5 — LAS SELVAS DE ASIA

- The oldest rainforests on Earth are in Southeast Asia. Scientists believe that dinosaurs roamed these forests seventy million years ago. There are no more dinosaurs, but there are still some pretty amazing animals that can only be found here.
  Orangutans, the world's largest tree dwelling animal, is a great ape that lives in the Asian rainforests of Borneo and Sumatra. Sadly, these beautiful animals are critically endangered.

◆

Las selvas tropicales más antiguas de la Tierra se encuentran en el sudeste asiático. Los científicos creen que los dinosaurios andaban en estos bosques hace setenta millones de años. Ya no hay dinosaurios, pero hay otros increíbles animales que solo se encuentran aquí.
   Los **orangutanes**, el animal arbóreo más grande del mundo, es un homínido que vive en las selvas tropicales asiáticas de Borneo y Sumatra. Lamentablemente, estos bellos animales están en peligro crítico de extinción.

⭐ The word "**orangutan**" means "people of the forest." An orangutan baby rides on its mother's back. It uses its feet like hands. It can use its feet to grab branches and pick fruit.

―――――◆―――――

*La palabra "**orangután**" significa "persona del bosque". Las madres orangután transportan a sus bebés en la espalda. Utilizan los pies como si fueran manos. Puede agarrarse de las ramas y recoger fruta con los pies.*

Jambu fruit
Pomarrosa

Durian fruit
Durián

- Fruit trees are an important resource in Southeast Asian rainforests. Jambu, durian, and strangler fig trees all bear fruit that is eaten by the animals of the forest. Strangler fig trees are perhaps the most important as a large variety of animals eat its fruit.

───────────◆───────────

Los árboles frutales son un recurso importante en las selvas tropicales del sudeste asiático. Los árboles de pomarrosa y durián, así como los higuerotes, dan frutas de las que se alimentan los animales de la selva. Los higuerotes son quizás los árboles más importantes ya que una gran variedad de animales se alimenta de sus frutos.

Orangutans eating durian fruit
Orangutanes comiendo durián

Strangler fig tree
Higuerote

Coppersmith barbet eating strangler fig fruits
Un barbudo calderero come la fruta de un higuerote

Gibbon eating jambu fruit
Un gibón comiendo una pomarrosa

★ Some animals that eat figs are monkeys, gibbons, birds, and bats. Fig trees grow new fruit all year long. The animals always have something to eat.

◆

Algunos de los animales que comen higos son los monos, los gibones, los pájaros y los murciélagos. Los higuerotes siguen produciendo fruta a lo largo del año. Los animales siempre tienen de qué alimentarse.

Flying fox bats
Murciélagos zorro volador

Sumatran tiger
Tigre de Sumatra

Jambu fruit dove
Tilopo jambú

- The rainforests of Southeast Asia have many unique animal species, such as the Sumatran tiger, Jambu fruit dove, Sumatran rhinoceros, Asian elephant, Draco lizard, and Asian tapir. These forests are also home to the greatest number of people who depend on the rainforest to live. Yet these forests are disappearing faster than any others on earth.

———————◆———————

Las selvas tropicales del sudeste asiático cuentan con muchas especies únicas de animales, como el tigre de Sumatra, el tilopo jambú, el rinoceronte de Sumatra, el elefante asiático, el lagarto planeador y el tapírido asiático. Estas selvas también son el hogar del mayor número de personas que dependen de la selva para vivir. Sin embargo, de todas las selvas del mundo, estas son las que están desapareciendo con más rapidez.

Draco flying lizard
Lagarto planeador

Vietnamese moss frog
Rana musgo de Vietnám

Sumatran rhino
Rinoceronte de Sumatra

Asian elephant
Elefante asiático

★ Many homes in these rainforests are up on stilts. This is to help them stay dry when the big rains come. It also helps keep them safe from animals.

———————◆———————

Muchas de las casas que están en estas selvas están construidas sobre pilares. Esto ayuda a que se mantengan secas cuando llegan las fuertes lluvias. También sirve para protegerse de los animales.

CHAPTER 6
CAPÍTULO 6
THE FUTURE OF RAINFORESTS
EL FUTURO DE LAS SELVAS TROPICALES

Fire-tailed titi monkey, discovered in 2010
Tití de Milton, descubierto en 2010

- Many areas within the world's rainforests are still unexplored. New and mysterious creatures are being discovered all the time. There are so many interesting plants that scientists don't have time to investigate them all. Some of these plants may hold the cure to deadly diseases.

◆

Existen muchas áreas dentro de las selvas tropicales del mundo que siguen sin explorarse. Se descubren nuevas y misteriosas criaturas constantemente. Hay tantas plantas interesantes que los científicos no tienen tiempo para investigarlas todas. Algunas de esas plantas podrían contener las curas de enfermedades mortales.

Unicorn praying mantis, similar to one discovered in Brazil in 2019
Mantis unicornio, semejante al que fue descubierto en Brasil en 2019

★ There is still a lot more we can learn from the rainforests. There are animals and plants that no human has ever seen! Would you like to explore the rainforests?

───────── ◆ ─────────

Todavía falta mucho por aprender de las selvas tropicales. ¡Existen animales y plantas nunca vistos por el ser humano! ¿Te gustaría explorar las selvas tropicales?

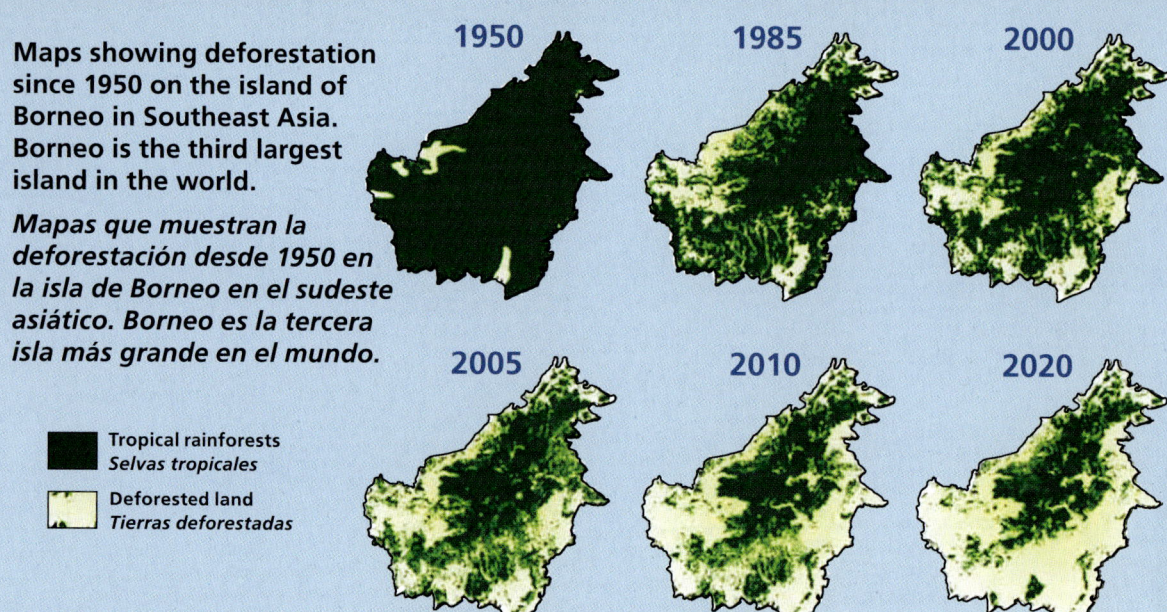

Maps showing deforestation since 1950 on the island of Borneo in Southeast Asia. Borneo is the third largest island in the world.

Mapas que muestran la deforestación desde 1950 en la isla de Borneo en el sudeste asiático. Borneo es la tercera isla más grande en el mundo.

- Tropical rainforests / *Selvas tropicales*
- Deforested land / *Tierras deforestadas*

- Keeping our tropical rainforests alive and healthy is important, but something called "deforestation" is putting them in grave danger of disappearing. Deforestation means the trees are cut down for lumber or burned down to make space for ranches and farms. An area of rainforest the size of a football field is lost every six seconds!

---◆---

Es importante mantener vivas y sanas a las selvas tropicales del mundo, pero hay una amenaza grave que las pone en peligro de desaparecer: la deforestación. Deforestación significa cortar árboles para usar su madera o quemarlos para abrir espacios para ranchos y granjas. ¡Cada seis segundos se pierde un área de selva tropical que equivale al tamaño de un campo de fútbol americano!

⭐ Most rainforest trees have been growing a long, long time. It would take a very long time for them to grow back. Most will never grow back.

───────◆───────

La mayoría de los árboles de la selva tropical han estado creciendo desde hace mucho, mucho tiempo. Tardarían muchísimo tiempo en volver a crecer. La mayoría no volverán a crecer.

Cattle ranching in the Amazon
Explotación ganadera en la selva amazónica

- Once an area of rainforest has been changed into a cattle ranch or a farm, it is unlikely it will ever return to its natural state. Without this important ecosystem, many plant and animal species will die out. Life-saving plants may never be discovered.

◆

Una vez que se haya convertido un área de selva tropical en un rancho ganadero o granja, hay poca posibilidad de que vuelva a su estado natural. Sin este importante ecosistema, muchas especies de plantas y animales desaparecerán. Y aquellas plantas capaces de salvar vidas jamás serán descubiertas.

Deforestation in the Amazon
Deforestación en la selva amazónica

Silverback gorilla
Gorila espalda plateada

★ We need the rainforests. And the rainforests need us. They need our help to save the plants and animals before they are all gone.

◆

Necesitamos a las selvas tropicales. Y las selvas tropicales nos necesitan a nosotros. Necesitan nuestra ayuda para preservar las plantas y animales antes de que desaparezcan completamente.

Flock of red-and-green macaws
Una bandada de guacamayos aliverdes

Jaguar
Jaguar

Dusky leaf monkey
Langur oscuro

- How can you help to save the rainforests? You have already started by learning about them. Here are some other ways to help.
  1. Ask your parents to buy food—like bananas, coffee, chocolate, and palm oil—that is grown in a way that is safe for the rainforests.
  2. Do a class project to learn even more about these ecosystems. The more you know, the more you can help.
  3. Work with grown-ups to organize a fundraiser to raise money for a rainforest conservation group.

---◆---

¿Cómo puedes ayudar a salvar las selvas tropicales? Al aprender sobre ellas, ya empezaste a ayudar.
Aquí te ofrecemos otras maneras de ayudar.
1. *Pídeles a tus padres que compren alimentos –como plátanos, café, chocolate y aceite de palma– que hayan sido cultivado de forma segura para las selvas tropicales.*
2. *Realiza un proyecto en tu escuela para aprender aún más sobre estos ecosistemas. Mientras más sabes, más puedes ayudar.*
3. *Trabaja con gente adulta para organizar un evento de recaudación de fondos para un grupo que se dedique a la conservación de selvas tropicales.*

African forest elephant
Elefante africano de bosque

Red-eyed tree frog
Rana de ojos rojos

Three-toed sloth
Perezoso de tres dedos

★   Many people are working to help save rainforests. Now you know some ways that you can help too. It's not too late to save the trees and animals of these amazing forests.

◆

Hay muchas personas que están trabajando para ayudar a salvar las selvas tropicales. Ahora conoces algunas maneras en que puedes ayudar. No es demasiado tarde para salvar los árboles y animales de estas increíbles selvas.

Glossary • *Glosario*

canopy • *dosel arbóreo*
the rainforest layer made up of the thick branches and leaves of the taller trees
la capa de la selva tropical que consiste en las ramas y hojas de los árboles altos

deforestation • *deforestación*
the cutting down of the trees in large areas of the forest
la tala de árboles en grandes áreas de la selva

ecosystem • *ecosistema*
a group of living things that live and interact with each other in a certain environment
un grupo de seres vivos que viven e interactúan juntos dentro de cierto ambiente

emergent layer • *capa emergente*
the rainforest layer made up of the tallest trees that rise above all the others
la capa de la selva tropical donde se encuentran los árboles más altos que sobresalen por encima de los demás

forest floor • *suelo forestal*
the dark, damp ground beneath the rainforest trees
el suelo oscuro y húmedo bajo los árboles de la selva tropical

understory • *sotobosque*
the rainforest layer below the canopy made up of bushes, shade-loving plants, and short trees
la capa de la selva tropical debajo del dosel arbóreo compuesta por arbustos, plantas de sombra y árboles pequeños

Questions • *Preguntas*

Add to the benefits of reading this book by discussing answers to these questions. Also consider discussing a few of your own questions.

Aumente los beneficios de haber leído este libro al conversar sobre las respuestas de estas preguntas. También podrían conversar sobre otras preguntas que se les ocurran.

1 Can you think of any animals that live in the rainforest? Which one is your favorite? Why?
¿Cuáles son algunos animales que viven en la selva tropical? ¿Cuál es tu favorito, y por qué?

2 What do you think are some reasons that so many animals live in the canopy layer of the rainforests?
¿Por qué crees que tantos animales viven en el dosel arbóreo de las selvas tropicales?

3 What are some reasons you think people should try to protect the rainforests?
¿Por qué los humanos debemos tratar de proteger a las selvas tropicales?

4 Do you think it is important to stop animals from going extinct? Why?
¿Crees que es importante evitar que los animales se extingan? ¿Por qué?

5 Would you like to explore a rainforest someday? What kind of things do you think you might see?
¿Algún día te gustaría explorar una selva tropical? ¿Cuáles son algunas de las cosas que podrías ver?

If you liked **Tropical Rainforests** here are some other
We Both Read® books you are sure to enjoy!

Si les gustó **Las selvas tropicales**, *¡seguramente disfrutarán de estos otros libros de* We Both Read®!

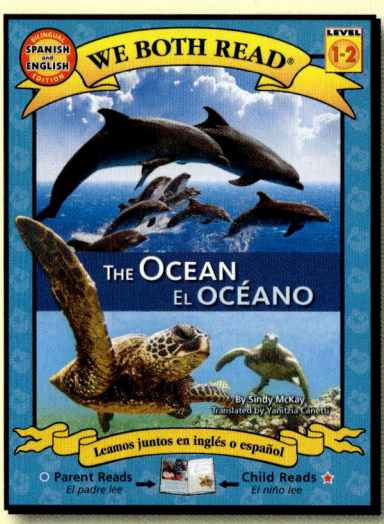
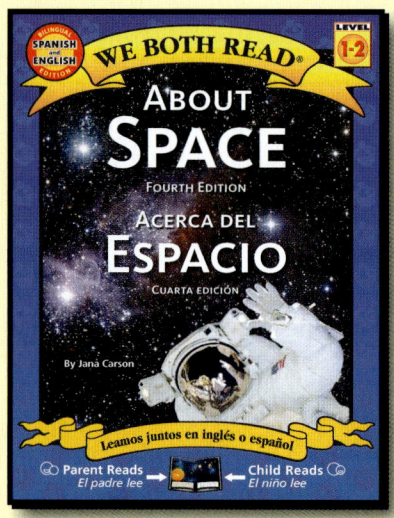

You can see all the We Both Read books that are available at
WeBothRead.com.

Visita el siguiente sitio web para descubrir todos los libros disponibles de **WeBothRead.com**.